Instagram für Rekrutierung und Employer Branding

Was wir von Instagram fürs HR lernen können

Inhaltsverzeichnis

1. Einleitung 4
2. Wie und warum überhaupt Social Recruiting? 5
3. Wie funktioniert Instagram? 6
4. Grundlagen fürs Instagram Recruiting 8

   Das Profil 8

   Was kommt gut an bei den Instagram Followern? 8

   Die Content Strategie 9

   Welche Ideen gibt es? 9

   Inspiration suchen und finden 10

   Generieren Sie Follower: 10

   Integration auf Website 10

   Bildformat 11

   Aktiv sein 11

   Niemals kommentarlos 11

5. Die Funktionen von Instagram: ein Überblick 12
6. Karriereseiten auf Instagram 13

   Marriott Careers 13

   Das Beispiel Swiss Airlines 14

7. Recruiting auf Instagram – wertvolle Tipps 15

   Nähe zeigen und Persönlichkeit beweisen 15

   Account „Hjacken" 16

Suchen und gefunden werden: Hashtags und Links 16

Sagen Sie, was Sie suchen! 17

Nicht vergessen 17

8. Praktische Tipps zum loslegen 18

Öffentliches Profil verwenden 18

Liken bis der Arzt kommt 18

Hashtags 19

Geotagging 19

Teilen 19

Erfolge messen auf Instagram 20

9. Schlusswort und Empfehlung 21

10. Über den Autor 24

11. Buchempfehlung 25

12. Haftungssausschluss 26

1. Einleitung

Sie haben schon mal von Employer Branding beziehungsweise Arbeitgebermarketing gehört. Eventuell beziehen Sie Ihre Mitarbeiter bereits aktiv in die Rekrutierung mit ein, wissen um die Wirkung von Testimonials und authentischen Berichten und den Vorteilen von Bildern gegenüber Text. Aber wissen Ihre Mitarbeitenden welche Positionen zurzeit offen sind und haben Ihre Mitarbeiter auch die Möglichkeit, die offenen Vakanzen in ihren sozialen Netzwerken zu teilen? Funktionieren Ihre Vision und Werte, Ihr Leitbild auch ausserhalb der Firma, nämlich dann, wenn Ihre Mitarbeiterinnen und Mitarbeiter privat unterwegs sind? Welchen Einfluss haben Sie überhaupt darauf und wie hängt das mit den sozialen Medien wirklich zusammen?

Alle reden von Social-Media-Recruiting, aber die wenigsten setzen es auch ein. Dabei ist der erste Schritt dazu gar nicht so schwer. Es braucht nämlich kein X-Seiten langes Papier um Social-Media-Recruiting zu betreiben. Beziehen Sie doch einfach die Mitarbeiter mit ein. Wie das gehen kann soll Ihnen dieses Buch aufzeigen anhand von praktischen Beispielen und Erfahrungen.

Denn was viele HR Fachpersonen vergessen: Ihre Mitarbeiter haben die Verbindungen, welche Sie für Ihr Social-Media-Recruiting brauchen: Die meisten haben ein Profil auf Facebook, Xing, Linkedin oder auch Instagram und verfügen somit ein entsprechendes Netzwerk. Motivieren Sie die Mitarbeiter, dass sie die Firmenkultur nach aussen tragen, ermöglichen Sie allen offene Vakanzen in den eigenen Netzwerken teilen. So haben Sie direkte Multiplikatoren welche Sie nutzen können und müssen nicht erst eigene Netzwerke aufbauen. Dies funktioniert auch sehr gut für KMU's, die nicht die Möglichkeit haben einen eigenen Social-Media-Auftritt aufzubauen und so von den Netzwerken der Mitarbeiter profitieren. In den nächsten Seiten zeige ich Ihnen wie das gehen kann.

2. Wie und warum überhaupt Social Recruiting?

In einer Prospective-Studie «Trendreport Online Recruiting Schweiz» im Jahre 2015 hatten 73% der damals befragten Arbeitnehmer angegeben, dass sie bereits einmal ein Stelleninserat einem Freund oder Bekannten weiterempfohlen haben. Dabei sei die Mehrheit einer mündlichen Weiterempfehlung gefolgt und keine 10% über einen Social-Media-Kanal. Hier liegt also noch sehr viel Potenzial drin. Dazu passt jedoch die immer wieder gehörte Frage an Events und Seminaren gestellt von Unternehmen: „Was meinen Sie, soll ich XING oder Linkedin als Recruiting Kanal nutzen oder ist das nur ein Hype?". Wenn man weiss, dass XING bereits 2003 als OpenBC gegründet wurde, scheint die Frage nach Hype geklärt. Doch weshalb hält uns eine Frage nach „Hype oder nicht Hype" davon ab, neue Wege in Sachen Recruiting zu gehen und mal etwas zu riskieren? Selbst wenn es „nur ein Hype" sein sollte: Was können wir verlieren einmal neue Wege zu gehen? Die Chance bei einem Kanal früh mit zu machen heisst neue, potenzielle Bewerber anzusprechen, die wir sonst vielleicht nicht erreicht hätten. In diesem Kontext können alle die jetzigen Jahre nutzen um auszuprobieren, zu testen und zu lernen um die eigene Arbeitgebermarke bekannt zu machen und gleichzeitig kann man so spannendes über eine potentielle Zielgruppe erfahren.

Gerade Instagram ist mit seiner jungen Zielgruppe und der stets wachsenden Anzahl Nutzer eine sehr attraktive Plattform für Social Media Recruiting. Doch wie muss eine Instagram-Karriereseite präsentiert werden, damit diese bei den Usern Beachtung findet? In den nächsten Kapiteln zeige ich Ihnen gerne wie.

3. Wie funktioniert Instagram?

Instagram gehört zu den einfachsten und neben Snapchat den am schnellsten wachsenden sozialen Netzwerken der letzten Jahre. Kaum ein anderes Netzwerk hat so viele aktive Nutzer wie Instagram. Achtung: Instagram ist vor allem eine App! Zwar kann man via www.Instagram.com Bilder und Kanäle ansehen, Bilder veröffentlichen geht jedoch nur über die App. Das ist wichtig, denn wir wollen das Gefühl von Instagram vor allem auch mit der „Momentaufnahme" verknüpfen. Wohl auch deshalb ist Instagram so beliebt, weil es die Bedeutung von Storytelling (also der Vermittlung von emotionalen, unterhaltsamen Inhalten) im Content Marketing, bei der Berichterstattung und im Personal Branding (der Eigenvermarktung) versteht. Hier ein paar Fakten zu Instagram:

- Gestartet: 2010, im Besitz heute von Facebook
- Weltweit über 300 Millionen aktive Nutzer
- Rund 0.5 Millionen Nutzer allein in der Schweiz
- Davon sind 51% weiblich und 49% Männer
- 30% der Schweizer Nutzer sind unter 19 Jahre alt
- 20% sind zwischen 20 und 24 Jahren alt
- 15% sind zwischen 25 und 29 Jahren alt
- Und knapp 35% der Nutzer sind über 30 Jahre alt
- Jeden Tag werden über 70 Millionen Fotos hochgeladen
- Es ist auch möglich, Videos über Instagram zu teilen

Wir wissen bereits: Bilder wirken grundsätzlich schneller und besser als Text. Diese Tatsache ist übrigens auch neurologisch zu begründen. Während die linke Gehirnhälfte für logisches Denken und Text zuständig ist, verarbeitet die rechte

Gehirnhälfte Sinneseindrücke, Gefühle und Emotionen. Das bedeutet konkret, dass in der Gehirnhälfte, in der auch Bilder verarbeitet werden, direkt Gefühle ausgelöst werden. Darum machen uns Bilder vielmehr Freude, auch wenn wir immer angeben, den ganzen Text gelesen zu haben.

Derzeit wird Instagram in der Schweiz noch relativ selten als Recruiting und Employer Branding Instrument eingesetzt, jedoch stark als Entertainment also Unterhaltungskanal. Viele Prominente, Marken, aber auch Firmen haben entdeckt, dass man auf Instagram dank der einfachen Handhabung, kleine aber effektive Botschaften verbreiten kann. Warum das so ist? Nun Instagram macht es dem Benutzer leicht via Kamera und Filter Bilder schnell hochzuladen, oft auch einhändig, dazu kommt, dass die Auffindbarkeit von Fotos und Videos über so genannte Hashtags (Suchwörter mit einem # markiert) gewährleistet wird. Ausserdem:

- Bis Ende 2015 war die Reichweite von Inhalten bei Instagram sehr hoch. Abonnenten bekamen immer alle neu hochgeladenen Fotos / Videos des zu sehen, da generell nichts ausgefiltert wurde. Das ist nun leicht anders und der Facebook Algorithmus hat auch bei Instagram Einzug gehalten.
- Die Interaktion und Reichweite sind aber immer noch hoch im Vergleich zu anderen Netzwerken und deutlich schneller als in allen anderen Kanälen, wohl einfach weil es Bilder und Videos, aber keine Statusmeldungen gepaart mit News-Meldungen sind.
- Instagram Bilder zählen innerhalb von Google Suchergebnissen generell zu den prominenten Treffern, werden also innerhalb der ersten / obersten Suchergebnisse angezeigt.

Und: Sie können über Instagram mobile Recruiting betreiben. Wie das gehen soll zeigt das nächste Kapitel.

4. Grundlagen fürs Instagram Recruiting

Denjenigen unter Ihnen welche noch zu viel „Respekt" vor einer Instagram Unternehmensseite haben, weil sie denken, dass es notwendig ist ausschliesslich professionelle Fotografien hochzuladen: nur keine Angst davor. Sicher sollte man eine positive Bildästhetik und Authentizität gewährleisten. Aber Hochglanz Fotos sind gleichzeitig künstlich und wirken distanziert – ausser man heisst Karl Lagerfeld und will das so. Ich empfehle Ihnen jedoch Ihre Arbeitgebermarke bei Instagram mit einer Mischung aus natürlichen, **gut bearbeiteten Handy-Fotografien** und **professionellen Fotografien** oder **Grafiken** zu stärken.

Das Profil

Sie können nicht alles in einen Post packen, vor allem keine Links. Diese funktionieren in Posts leider nicht. Aber es gibt einen **Workaround**: unter dem eigenen Profil kann man einen aktiven, klickbaren Link einsetzen. Am besten nimmt man einen Short-Link (von Bit.ly zB) also einen kurzen Link zur eigenen Recruiting Seite. Damit verschafft man den Nutzern nicht nur einen Mehrwert mit Informationen, sondern verhilft seiner Seite zu gesteigertem Traffic.

Was kommt gut an bei den Instagram Followern?

Gerade natürliche Bilder, beispielsweise von Firmen Events oder Personen kommen bei Followern sehr gut an und führen meistens zu mehr Likes und Kommentaren – und somit auch zu einem engeren Kontakt zwischen Ihnen und Ihren Followern.

Die Content Strategie

Haben Sie stets je Kampagne ein klares Ziel und passen Sie Ihre Instagram Seite jeweils an. Dazu gehören die Hashtags, der Link im Profil und natürlich die Beschreibung der Bilder. Jedes veröffentlichte Bild ist eine kleine Sub-Kampagne.

Welche Ideen gibt es?

- **Der Klassiker:** Der Blick hinter die Kulissen. Zeigen Sie Ihre Mitarbeiter, Firmenevents, kleinere Teamevents
- Oder veröffentlichen Sie Bilder des **Mitarbeiters des Monats** oder Fotografien von Mitarbeitern die schon 10 Jahre dabei sind.
- Stellen Sie **das neue Rechencenter** oder Ihre neuen Produkte UND die Menschen DAHINTER vor.
- Veröffentlichen Sie **kleine Recruiting Videos** (Corporate)
- Geben Sie Ihren **Mitarbeitern** die Chance, etwas über sich, ihren Arbeitsalltag oder das Unternehmen zu erzählen mit Video.
- Zeigen Sie spannende (witzige) **Alltagssituationen** im Büro.
- Auch Aufnahmen **der Kaffee Ecke** oder der Umgebung können für potenzielle Bewerber interessant sein.
- Cat Content geht immer. Sie haben ein **Büro-Tier**? Fotografieren Sie es!

Vorsicht vor eigenen Kanälen: Verpacken Sie unbedingt immer alles in einen Kanal, es bringt nichts, wenn Sie fürs Marketing, fürs HR, für die Produktion und für die Lernenden einen eigenen Channel aufbauen und betreuen. Irgendwann verwaisen diese alle. Lieber alles in einem Kanal, das bringt Spannung und Abwechslung.

Inspiration suchen und finden

Analysieren Sie auch Instagram Seiten von Mitbewerbern oder allgemein Firmen, die ähnliche Produkte und Dienstleistungen anbieten. So können Sie genug Inspiration finden und sehen, was es sonst noch gibt.

Generieren Sie Follower:

Kommunizieren Sie über bereits vorhandene Social Media Profile (Facebook, Twitter & Blogs.), sowie über andere Oberflächen, dass Sie auf Instagram zu finden sind. Folgen Sie aktiv mit Hilfe Ihres Instagram Profils Ihren Kunden, oder Ihrer bereits aufgebauten Community und versuchen Sie dabei, sich zu vernetzen und zu lernen. Wichtig ist dabei: verbinden und kommunizieren Sie. Zum Beispiel können Sie Ihren Instagram Inhalt auf Facebook und Co. promoten um so genug Aufmerksamkeit zu erzeugen und gegenseitig verbinden und verlinken. Messen Sie was funktioniert und was nicht und fordern Sie die Follower auf, zu posten, zu liken und zu kommentieren.

Integration auf Website

Instagram Bilder lassen sich übrigens auch über Widgets in vorhandene Blogs oder Webseiten einbinden. Dafür können Sie beispielsweise die folgenden Gratis Tools verwenden:

- Intagme
- SnapWidget
- Tintup

Bildformat

Achten Sie darauf, dass alle von Ihnen veröffentlichten Bilder einen wiedererkennbaren Stil sowie ein ähnliches Bildformat haben. Damit sorgen Sie dafür, dass Ihre Instagram Seite in der Gesamtheit harmonisch daherkommt.

Aktiv sein

Liken oder kommentieren Sie die Bilder Ihrer Follower so oft wie möglich, oder allgemein Bilder von Personen, welche einen interessanten und zu Ihnen passenden Content verbreiten.

Niemals kommentarlos

Schreiben Sie einen kurzen, ansprechenden Text und verwenden Sie unbedingt Hashtags (#), damit Ihr Post dann auch auffindbar ist. Generell können Sie mit gezielt gesetzten Hashtags (#) zu aktuellen und beliebten Themen über Instagram auch Menschen erreichen, welche Sie als potenziellen, neuen Arbeitgeber bislang gar noch nicht in Erwägung gezogen haben.

Mehr Inspiration und Informationen finden Sie ausserdem auf der Seite:

https://business.instagram.com/

5. Die Funktionen von Instagram: ein Überblick

Die Funktionen von Instagram sind sehr intuitiv: Fotos machen, liken, folgen. Etwas konkreter: Man kann Personen und Unternehmen folgen, oder deren Inhalte mit „Gefällt mir" markieren (<3, Herzchen), mit #Hashtags können die User bestimmte Themen oder Begriffe suchen und sogar den Dialog mit anderen Nutzern pflegen über die Kommentarfunktion. Wenn Sie ein Foto aufnehmen, können Sie es entsprechend bearbeiten, kommentieren und mit „Tags" markieren, das sind Personen, denen Sie beispielsweise folgen.

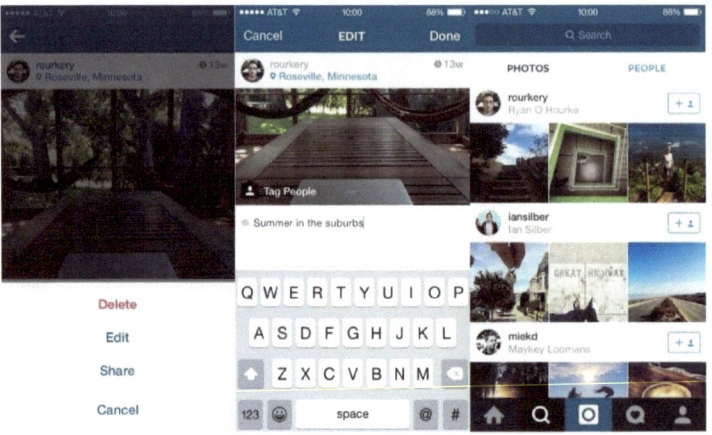

Abbildung 1: http://jobamb.sculptor.uberspace.de/wordpress/wp-content/uploads/2014/11/Instagram-Caption-Editing-Explore-People-805x475.jpg

Abbildung 2: http://www.inmedium.net/blog/beitrag/instagram-was-ist-das/

Spielen Sie mit Filtern und seien Sie kreativ mit Bildausschnitten. Was bei Instagram ausserdem noch zu beachten ist: Bei den einzelnen Bildposts kann kein Link gesetzt werden. Wer also beispielsweise konkret eine Stelle ausschreiben möchte, muss den Link in die Biographie reinnehmen und separat beim Bild auf den Link der Biographie verweisen.

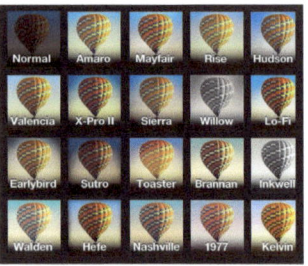

6. Karriereseiten auf Instagram

Im Bereich Karriere und Rekrutierung ist es wichtig eine gute Durchmischung von Inhaltstypen, in einem regelmässigen Abstand zu unterhalten, sich zu informieren und Einblicke zu geben. So macht es zum Beispiel auch die Lufthansa, welche für die Rekrutierung einen separaten Instagram-Account, mit dem Namen „Be Lufthansa" (https://instagram.com/belufthansa/). führt. Dort könnte man zum Beispiel den zukünftigen Arbeitsplatz am Hauptsitz oder die künftigen Arbeitskollegen begutachten. Ich denke, es ist hier vor allem der Mix von allgemeinen Informationen und dem aktiven Auffordern von Kandidaten, sich für eine bestimmte Stelle zu bewerben, der sich hier gut kombinieren lässt. Dies werden wir auch später am Beispiel der Lufthansa Tochter Swiss sehen.

Marriott Careers

Auch die Hotelkette hat sich auf Instagram dafür entschieden, dass diverse Mitarbeiter jeweils für eine bestimmte Zeit-Periode den Instagram-Account übernehmen und betreiben. Dabei werden ganz unterschiedliche Einblicke hinter die Kulissen der Betriebe möglich, je nachdem, welche (funktionelle) Arbeit und Position der oder die Instagrammer inne hat. Marriott achtet darauf, dass Kommentare regelmässig bearbeitet werden und man auf die Follower nicht nur mit einer automatisierten Standard-Antworten eingeht. Man setzt hier neben Bild- auch auf Video-Inhalte . 2015 war es oft so, dass Leistungen von Mitarbeitern auf sehr persönliche Art und Weise honoriert wurden, was dem User ein Gefühl eines Blickes hinter die Kulissen ermöglichte.

Link: https://instagram.com/MarriottCareers

Das Beispiel Swiss Airlines

Die Airline Swiss (ehemals Swissair und heute Besitz der deutschen Lufthansa) macht vor, wie man einen Kanal wie Instagram effektiv und mit viel Unterhaltungswert betreuen und ausbauen kann. Dabei hat das Team es verstanden, offizielles Bildmaterial mit emotionalen Fotos zu kombinieren. Gleichzeitig sind nicht nur die offiziellen Kommunikatoren am Werk, sondern der Kanal wird des Öfteren von Mitarbeiterinnen und Mitarbeitern übernommen. Natürlich braucht es hier Richtlinien und Empfehlungen, was geht und was nicht, aber der Erfolg gibt den Betreibern sehr wohl Recht. Dabei ist die Swiss ein sehr gutes Beispiel an gekonnter Inszenierung und professioneller Laissez-faire. Schauen Sie rein und lassen Sie sich lohnend inspirieren. Link: https://www.instagram.com/flyswiss/

Abbildung 3: www.instagram.com/flyswiss

7. Recruiting auf Instagram – wertvolle Tipps

Für immer mehr Menschen rücken heute die Firmenkultur und die Arbeitsatmosphäre bei der Suche nach einer passenden Stelle in den Vordergrund und sind damit fast wichtiger als die ausgeschriebene Position mit allen Funktionen, Bereichen und Details. Somit ist es entscheidend, das Firmenbild interessant und authentisch darzustellen. Dafür bietet insbesondere Instagram eine spannende und valable Option, wie wir in den vorhergehenden Kapiteln bereits sehen konnten.

Es ist unbestritten, dass Instagram ein ganz bestimmtes Netzwerk und somit eine demografische Schicht abdeckt. Gerade jedoch vor der Tatsache, dass beispielsweise Jugendliche immer weniger auf Facebook aktiv sind, weil dort eine ältere Generation am Werk ist, verspricht Instagram für die Zielgruppe der Studenten entsprechende Erfolgsaussichten.

Nähe zeigen und Persönlichkeit beweisen

Ein wesentlicher Vorteil von Instagram ist, dass Sie Ihre Geschichten über Bilder und kurze Videos selber erzählen (Storytelling) und somit innerhalb weniger Sekunden sowohl Information als auch Emotionen transportieren können. Seien Sie es sich immer bewusst, dass Sie beide Aspekte, Information und Emotion gleichermassen gewährleisten, wenn es darum gehen soll, die eigene Arbeitgebermarke über Instagram zu stärken.

Ein wichtiger Aspekt ist es Vertrauen zu schaffen und Nähe zu zeigen. Menschen arbeiten mit Menschen zusammen (wir sind im Schicksalsbusiness und verbringen sehr viel Zeit am neuen Ort). Gerade potentielle Bewerber wollen darum sehen, mit wem sie möglicherweise zusammenarbeiten werden, wie der Arbeitsalltag aussehen wird, welche Aufgaben man erledigen muss, wie man sich im Team versteht, oder, ob

– es klingt banal - Geburtstage unter den Kollegen gefeiert werden. Instagram kann ein Schaufenster in Ihren Alltag darstellen und Kandidatinnen und Kandidaten die Möglichkeit geben, das Unternehmen beser kennenzulernen. Wichtig ist, dass Sie dabei authentisch bleiben und auch Fehler zulassen Es darf nicht perfekt sein. Und auch schwierige Aufgaben oder Dinge, die in vielen Jobs ein notwendiges Übel sind, kann man gut mit Humor verpacken.

Account „übernehmen"

Sie können einen „Takeover" lancieren. Das kommt aus dem Englischen und heisst übernehmen. Experimentieren Sie damit: Es ist ein guter Weg, um Nähe zu schaffen, wenn Sie Personen oder gerade ein Team dazu zu animieren, Inhalte über Ihre eigenen Accounts (unter einem gemeinsamen Recruiting Hashtag) zu teilen oder Ihnen die Regie über den Instagram Account zu überlassen (Achtung Passwort regelmässig ändern!). Das wird Ihnen Reichweite und gleichzeit Identifikation bringen.

Suchen und gefunden werden: Hashtags und Links

Die kleine Raute oder der Gartenzaun # genannt Hashtag ist aus der Welt von Instagram nicht wegzudenken, insbesondere dann, wenn man:

- Sie Ihre Reichweite vergrössern möchten
- Sie auf der Suche nach Persönlichkeiten sind

Beides ist für die Verfolgung einer Recruiting Strategie auf Instagram interessant und wichtig. Instagram erlaubt die Befüllung der eigenen Posts mit bis zu 20 Hashtags (!), aber gemäss aktuellen Beiträgen auf diversen Medien reichen sechs bis acht gut aus. Bei der Erstellung eigener Hashtags sind keine Grenzen gesetzt. Arbeiten Sie mit Eigenkreationen, Trending Topics (aktuellen Themen) um Ihren Post oder unverwechselbar zu markieren. Einen eigens geschaffenen Hashtag können und sollen Sie auch über andere Netzwerke wie Twitter und Facebook streuen, um Ihre Bekanntheit zu erhöhen und zu messen, wie weit Ihre Botschaft getragen wird (Messbarkeit dank #). *Hashtags sind das Google Keyword von Social Media.* Interessenten finden so mehr über Themen und auch Ihr Unternehmen heraus.

Sagen Sie, was Sie suchen!

Selbstverständlich bietet sich der eigene Account nicht nur zur Suche nach passiven Talenten und der möglichst authentischen Employer Branding Darstellung an. Zu besetzende Stellen können Sie auch über Ihren Instagram Accounts „promoten" und verbreiten. Es ist die Mischung aus Information und Emotion. Mischen Sie gut und weitsichtig, machen Sie auch Werbung für offene Stellen. Warum auch nicht**?**
Picken Sie einen Aspekt der Stelle raus und fotografieren Sie das Inserat und bauen Sie eine Bildsprache dafür. Auch hier gilt– Qualität und Authenzität zählt.

Nicht vergessen

Instagram ist ein so genanntes Soziales Netzwerk. So sollte man bei Instagram gerade durch die Konkurrenz vieler starker Bildmotive auf spannende und überraschende Bildausschnitte und das eine oder andere visuellen Schmankerln zu setzen.

Denn Instagram bietet sich hervorragend an, die eigene Arbeitgebermarke mit persönlichem Flair darzustellen und mit einer affinen Zielgruppe in Kontakt zu treten. Dabei kann man sowohl Interessenten auf sich aufmerksam machen und den Wunsch steigern, Teil des Teams zu werden, als auch direkt auf interessante Kandidaten zugehen. Vergessen Sie Ihre eigene Linie nicht aus den Augen und gehen Sie mit Spass an die Sache, dann können Sie mit Instagram wirklich nur gewinnen.

8. Praktische Tipps zum loslegen

Ich habe bereits erklärt, wie Sie Ihre Arbeitgebermarke über Instagram stärken und eine Strategie für den eigenen Auftritt entwickeln können. Gehen wir nun davon aus, dass Sie eine mehr oder weniger konkrete Vorstellung davon haben, wie Sie Ihre Arbeitgebermarke auf Instagram präsentieren möchten. Wie schaffen Sie es nun andere Instagram Nutzer auf Ihren Botschaften (Bilder oder Videos) aufmerksam zu machen?

Öffentliches Profil verwenden

Bitte kontrollieren Sie zur Sicherheit ob Ihr Profil tatsächlich öffentlich auffindbar ist. Sie finden die **Einstellung** dafür oben rechts bei den Instagram Optionen, unter Punkt „Konto" – „Privates Konto".

Liken bis der Arzt kommt

Warten Sie nicht darauf, dass Sie gefunden werden. Liken Sie selbst Inhalte und folgen Sie Seiten, die Ihnen gefallen und zu Ihnen und Ihrer Firma passen, oder die aus Rekrutierung-Sicht auch interessant sein könnten. Geben Sie dabei auch den einen oder anderen Kommentar ab. So machen Sie auf ganz einfache Art auf Ihre eigene Seite aufmerksam – Achtung: nicht werben oder verlinken, sondern einen Dialog führen. Nicht selten wird die Person oder der Channel dessen Foto Sie „*geliked*" haben zurück schreiben und reagieren in Form von einem *Like*, oder er oder sie folgt Ihrer Seite. Das sollten Sie natürlich im Gegenzug auch tun. Haben Sie einen neuen Follower auf Ihrer Seite, oder hat jemand eines Ihrer Fotos *geliked* oder kommentiert? Dann folgen Sie dieser Person zurück (natürlich nur, wenn das Profil auch für Sie hilfreich oder interessant ist). Es gilt: Ihre Community muss auch auf Instagram gepflegt und umsorgt werden.

Hashtags

Wenn Sie sich nicht sicher sind wie sinnvoll ein Hashtag ist, hilft Ihnen Instagram weiter. Zum einen wird Ihnen, während der Eingabe direkt angezeigt, wie viele Beiträge es zu diesem Hashtag gibt. So können Sie beispielweise sehen, dass ein Hashtag wie #stellenanzeige aktuell nur auf 90 Beiträge kommt und ein Hashtag #job hingegen kommt aktuell auf über 7 Millionen Beiträge.

Geotagging

„Geotagging" bedeutet, dass Sie in Ihren Bildern einen Tag mit dem Standort hinterlegen, an dem das Bild entstanden ist. Beispielweise Ihr Firmenstandort. Warum sollten Sie das tun? Nutzer suchen häufig nach Fotos aus ihrer Umgebung, Orten an denen sie bereits waren oder die sie besuchen möchten. Haben Sie in Ihren Fotos einen genauen Standort (oder den Namen der Stadt in der sich Ihr Unternehmen befindet) hinterlegt, wird Ihr Bild allen Nutzern angezeigt, die nach Fotos Ihres Standorts suchen.

Teilen

Über Instagram können Sie Fotos ganz einfach auch auf anderen Social Medias wie Facebook, Twitter etc teilen. Öffnen Sie dazu den Beitrag, welchen Sie teilen möchten, klicken Sie auf das Symbol für „Bearbeiten" und verbreiten Sie Ihr Foto über die Funktion „Teilen". Durch ein Teilen Ihrer Beiträge auf Twitter und Co. geben Sie sowohl Ihrer bereits bestehenden Community, als auch neuen Nutzern die Chance, Ihre Bilder zu finden. So können Sie sowohl auf Ihr Unternehmen und Ihre Arbeitgebermarke aufmerksam machen als auch auf Ihre Stellenanzeigen, Ihren Arbeitsalltag, Ihre Veranstaltungen, usw und die Reichweiter erhöhen.

Erfolge messen auf Instagram

Instagram verfügt über ein eigenes Analysetool – Instagram Analytics. Aktuell wird dieses Analysetool nur Anzeigenpartnern freigegeben und zwar über Facebook. Es gibt aber auch Alternativen um verbreitete Instagram Inhalte zu analysieren:

Iconsquare bietet eine Suchfunktion nach Hashtags und Accounts von Wettbewerbern und informiert Sie über Kommentare zu Ihrem Content und bei Simply Measured können Sie die Reichweite testen und via Quintly (kostenpflichtig) Benchmarking betreiben.

9. Schlusswort und Empfehlung

Fünfzig Prozent der Arbeitskräfte von heute bestehen aus Millennials (unter 35 Jahren), und erraten, welche Plattform sie lieben und die meisten nutzen. Studien zeigen, dass es für die heutige Generation immer wichtiger wird, für wen sie arbeitet. Sie ziehen ein gutes Arbeitsklima einem höheren Lohn vor. Deshalb ist es wichtig, dass Sie so früh wie möglich beginnen, Bilder aus Ihrem Unternehmen zu veröffentlichen und damit zu punkten. Dadurch finden Sie viel leichter, genau diejenige Person, die optimal in Ihr Unternehmen passt.

Facebook, Twitter, Xing – längst nutzen wir selbst und Unternehmen soziale Medien, um unser Image zu verbessern und darüber zu sprechen. Das Magazin «Zeit online» berichtete einst, dass diese Plattform wesentlich stärker sei, als der Nachrichtendienst Twitter und auch vor der Karriereplattform Xing liege. Doch die Frage bleibt: Nutzen Unternehmen überhaupt Instagram für ihr Arbeitgeberimage oder die Personalsuche?

Die Wahrheit ist, dass immer mehr Unternehmen davon Gebrauch machen. Aktuelle Studien zeigen, dass 70 Prozent der Instagram-Nutzer aktiv auf der Plattform nach Marken und Produkten suchen, 37 Prozent folgen bis zu fünf Unternehmensaccounts und 32 Prozent der Nutzer folgen sogar noch mehr – rein aus Sympathiegründen sei es persönlich oder wegen dem Freundeskreis. Diese Zahlen machen Instagram auch fürs Employer Branding attraktiv. Vorausgesetzt natürlich, die eigene Zielgruppe nutzt dieses Medium auch.

Firmen nutzen ihre Arbeitgebermarke, indem sie ihre Zielgruppen ansprechen und für sich werben. Am Anfang sollte man natürlich analysieren, welche Zielgruppe man überhaupt erreichen möchte. Dabei können z.B. folgende Fragen auftreten: Welche

Inhalte wollen die Leute sehen, welche Interessen haben sie, wie gestalten sie ihre Freizeit? Welche Bedürfnisse, Erwartungen und Ziele hat die Zielgruppe etc.

Wie findet man nun aber die Antworten auf diese eher komplexen Fragen? Dafür können Unternehmen z.b. die eigenen Mitarbeiter befragen. Wenn Sie als Arbeitgeber wissen, welche Kanäle Ihre Mitarbeiter nutzen und welche Interessen und Werte sie haben, können Sie diese Bedürfnisse gezielt erfüllen. Ebenfalls hilfreich ist es, sich als Führungskraft selbst einmal zu überlegen, was überhaupt selbst für das Unternehmen spricht.

Aus diesen Inputs kann dann die Strategie für Instagram abgeleitet werden. Wichtig dabei ist auch, zu klären, ob ein bereits existierender Unternehmensaccount mit Employer Branding Content gefüttert oder ein separater Account angelegt werden soll. In beiden Fällen gilt aber unbedingt, ein konsistentes Markenbild zu wahren. Employer Brand und Branding des Unternehmens, des Produktes dürfen nicht zu weit auseinanderliegen.

Wie Sie die Zielgruppe erreichen und ansprechen wollen kann ganz unterschiedlich bewerkstelligt werden. Entweder können Sie einen eigenen Account, speziell für das Employer Branding anlegen, der auch im Namen das Thema "Job" hat. Oder Sie nutzen einen einzigen Account für alles. Das müssen Sie individuell und Ihren Bedürfnissen entsprechend entscheiden.

Bei Instagram geht es darum, die visuelle Stimme des Unternehmens nach aussen zu tragen. Durch gezieltes Storytelling kann in Bildern gezeigt werden, wie das Unternehmen tickt, wie die Mitarbeiter dort sind und ob man als möglicher Bewerber dazu passt. Es ist nicht schwer, schöne Geschichten zu erzählen. Unternehmen können mit ihren eigenen Produkten und Mitarbeitern punkten und sie zum Beispiel in Aktion zeigen. Sie können entweder Events oder aber auch gemeinnützige Aktionen, die sie unterstützen, abbilden. Sie können aber auch ganz normale Arbeitssituationen zeigen: Sind beispielsweise Hunde im Büro erlaubt, ist sicherlich eine Erwähnung oder sogar eine Geschichte wert. Manches klingt so banal, dass man es für unwichtig oder überflüssig hält, doch oft haben genau diese banalen Dinge eine grosse Wirkung.

Was ebenfalls gut funktioniert, sind Zitate von Kunden, Mitarbeitern oder ganz allgemein von Lebensweisheiten, die zum Unternehmen passen. Auch die Übernahme des Accounts für eine definierte Zeit eines lässt sich für Employer Branding nutzen –mit den eigenen Mitarbeitern und Einblicke in ihren Alltag geben.

Unternehmen sollten Mitarbeiter als Markenbotschafter **nicht unterschätzen** und unbedingt bei ihrer **Social Media (Instagram)-Strategie** berücksichtigen. Das heisst unter anderem, Sie sollten Ihre Mitarbeiter aktiv einbeziehen – bleiben Sie menschlich.

Ein weiterer Grund für die Einbeziehung der Beschäftigten ist: Wer nicht authentisch ist, wird schnell von Nutzern entlarvt. Deshalb ist bei all dem wichtig, dass Sie eine Strategie wählen, die zu Ihnen passt. Es muss ja nicht immer der grosse Wurf sein, auch kleine und feine Aktionen können funktionieren. Fangen Sie einfach an und lernen Sie Schritt für Schritt und mit viel Freude beim entdecken.

10. Über den Autor

Roger Basler ist Betriebsökonom FH und Unternehmens-Architekt. Er ist Referent und Autor seit mehreren Jahren und bekannt für innovative Geschäftsmodelle. Als Digital Native mit einer Vorliebe für Sprachen und fremde Länder war er lange als Berater im Ausland (unter anderem in China, den USA, im Naher Osten sowie in Nordeuropa) tätig. In seiner Funktion als Unternehmens-Architekt steht er etablierten Unternehmen und Startups in der Schweiz, Deutschland und Österreich in den Bereichen Business-Development, Digitales Marketing und e-Commerce als Investor und unternehmerisch beteiligter Berater zur Seite.

Er ist ausserdem Dozent bei Somexcloud (Social Media Academy), der KV Business School, dem IFJ (Institut für Jungunternehmer), sowie Autor diverser KMU Fachartikel und Bücher zu den Themen Startup, Produktivität, Zeitmanagement, Social Media und e-Commerce.

11. Buchempfehlung

Ich freue mich, wenn Ihnen mein Buch gefallen hat und möchte Ihnen an dieser Stelle ein Werk empfehlen, welches mich persönlich sehr inspiriert hat:

Snapchat im Recruiting

Was wir von Social Media fürs HR lernen können. Ein Buch für Personaler, die Snapchat endlich verstehen wollen. Warum ist Snapchat so erfolgreich? Anders als bei Facebook können die Fotos (meist) nur einmalig angeschaut werden und werden nach 24 Stunden wieder gelöscht. Dies ist in einer Zeit von ewig lebenden Dateien im Internet eine ungenutzte Marktlücke. Was das nun mit Recruiting zu tun hat, erfahren Sie hier.

Verfügbar auf Amazon.com.

HR braucht mehr PR

Ich habe mich in den vergangenen Jahren sehr intensiv mit der HR bzw. Personalbranche beschäftigt. Zahlreiche Umfragen fanden sowohl auf digitalem als auch auf persönlichem Weg statt. Nach einer Auswertung der Ergebnisse, steht fest, dass sich die HR Branche in einem sehr grossen Wandel befindet – was dabei zu beachten ist, darüber spricht dieses Buch.

Verfügbar auf Amazon.com

12. Haftungsausschluss

Das Werk einschliesslich aller Inhalte ist urheberrechtlich geschützt. Alle Rechte vorbehalten. Nachdruck oder Reproduktion (auch auszugsweise) in irgendeiner Form (Druck, Fotokopie oder anderes Verfahren) sowie die Einspeicherung, Verarbeitung, Vervielfältigung und Verbreitung mit Hilfe elektronischer Systeme jeglicher Art, gesamt oder auszugsweise, ist ohne ausdrückliche schriftliche Genehmigung sind untersagt. Alle Übersetzungsrechte vorbehalten.

Die Benutzung dieses Buches und die Umsetzung der darin enthaltenen Informationen erfolgt ausdrücklich auf eigenes Risiko. Das Werk inklusive aller Inhalte wurde unter grösster Sorgfalt erarbeitet. Dennoch können Druckfehler und Falschinformationen nicht vollständig ausgeschlossen werden. Der Autor übernimmt keine Haftung für die Aktualität, Richtigkeit und Vollständigkeit der Inhalte des Buches, ebenso nicht für Druckfehler. Es kann keine juristische Verantwortung sowie Haftung in irgendeiner Form für fehlerhafte Angaben und daraus entstandenen Folgen vom. Autor übernommen werden. Für die Inhalte von den in diesem Buch abgedruckten Internetseiten sind ausschliesslich die Betreiber der jeweiligen Internetseiten verantwortlich.

1. Auflage 2016

Autor, Herausgeber, Redaktion, Satz, Gestaltung (inkl. Umschlaggestaltung), Texte, Bilder, Titelbild: Roger Basler

www.ingramcontent.com/pod-product-compliance
Lightning Source LLC
Chambersburg PA
CBHW040915180526
45159CB00010BA/3080